U0165462

李歐納・科仁

蔡美淑　譯

LEONARD
KOREN

Wabi-Sabi for Artists,
Designers, Poets & Philosophers

侘 寂 Wabi-Sabi

目錄

前言……7

I 歷史考察與其他思考

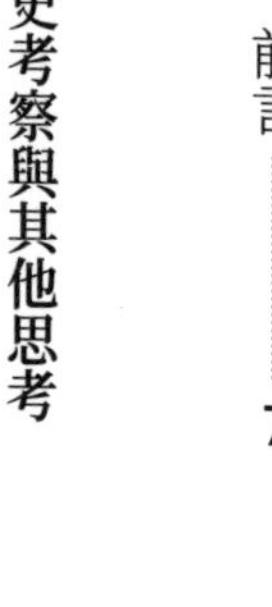

刻意模糊的歷史……19

初步的解釋……25

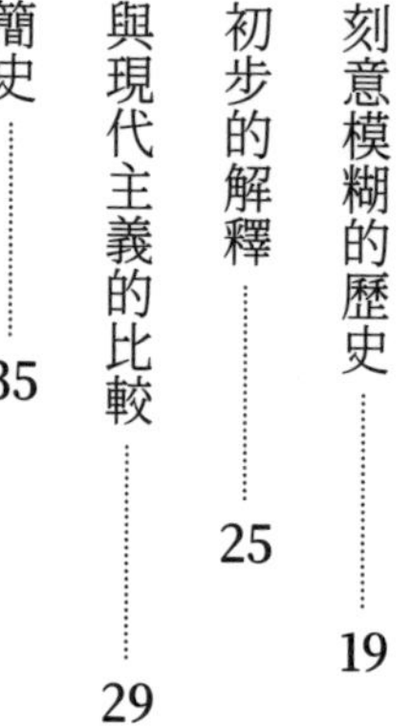

與現代主義的比較……29

簡史……35

II 侘寂的宇宙

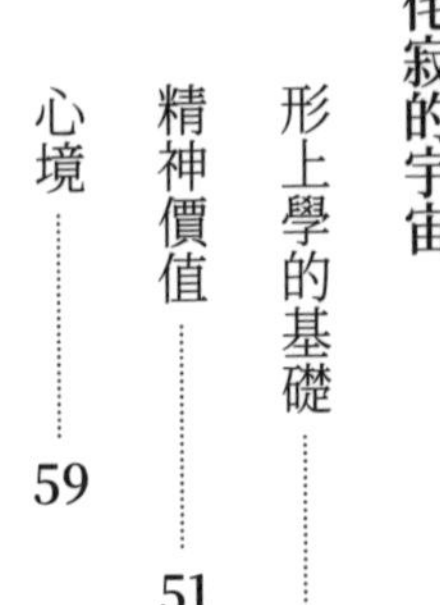

形上學的基礎……49

精神價值……51

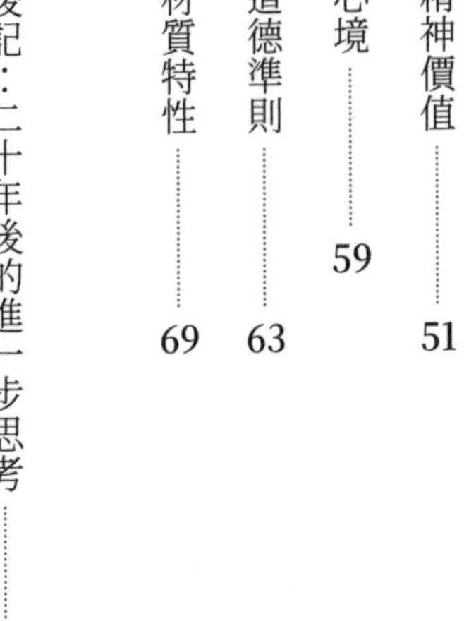

心境……59

道德準則……63

材質特性……69

後記：二十年後的進一步思考……81

註解……89

圖片說明與來源……103

前言

侘寂是事物不完美、非永存和未完成之美。

那是審慎和謙遜之美。

亦是不依循常規的隨興之美。

美的滅絕。直接影響本書的催化劑是日本一場宣傳聲勢浩大的茶會活動。茶道與日本美學的侘寂（wabi-sabi）淵源頗深，而這場茶會本該是一次深刻的侘寂體驗。敕使河原宏是承襲草月流花道的「家元」（掌門人），委任了日本最知名和當紅的三位設計師，來設計和打造他們心目中的茶會環境，而敕使河原本人則擔任第四名設計師。[1] 我自東京的辦公室出發，經過三個多小時火車轉乘巴士的車程，來到了茶會的所在地——過去由皇室擁有的一座避暑山莊。令我失望的是，這是何其富麗堂皇、雅致考究的一場茶宴，幾乎追尋不到一絲侘寂的痕跡。有一座光滑平整的茶室，表面像是用紙糊，外表跟氣味卻都像一把白色塑膠傘。毗鄰的那棟建築全用玻璃、鋼鐵和木材構築，這些材料和高層辦公大樓毫無二致。其中一座較符合我期待的侘寂風格的茶室，細看之下，卻發現被加上無謂的後現代風格裝飾。我霎時頓悟了，侘寂曾經是風光一時的高雅日本美學和茶道藝術的核心思想，但如今即將（還是已經？）瀕臨滅絕。[2]

無可否認，侘寂美學並非人人所好，但我相信避免它銷聲匿跡對所有人都有好處。文化生態的多樣性是種值得追求的狀態，特別因為數位化浪潮正以加速度讓我們的感官經驗變得一模一樣。電子「閱讀器」擋在體驗與觀察之間，所有一切毫無差別地被編碼成零與一。

在日本，物質文化保存下來的很少，不像美國更不用說歐洲。所以事到如今，日本想要拯救萬物之美免於滅絕，不能只是保存特定的器物或建築，也需涵蓋各種可能的表現形式，才可能將脆弱的美學意識形態保存下來。而侘寂很難在不破壞其本質的情況下簡化成公式或是口號，因此保留侘寂美學成了一件令人卻步的苦差事。

唯心的美學。我和許多同齡人士一樣，是在一九六〇年代末期，正值探索心靈的年少時期開始接觸侘寂。傳統的日本文化之所以吸引我，是因為它有可能為我生命裡最艱難的問題提出深刻的解答。對我來說，侘寂是以自然為基礎的美學典範，為生活藝術重新帶來了一定程度的理性和均衡。這協助我解決藝術創作的困境，讓我得以創造美的事物而不必糾結於時常伴隨藝術創作出現的令人沮喪的物質主義。華而不實又包了甜蜜糖衣的集體美學風格正讓美國社會變得麻木，而侘寂這種深沉、多面向、難以捉摸的文化，恰好是對此現象的完美解藥。從那時起，我就相信，侘寂與許多更強烈的反美學表現有關（像是垮掉派、龐克族、垃圾搖滾，或之後名稱未定的藝術流派），它們幾乎都源自於年輕、現代、創意的靈魂。

重訪《茶之書》。我第一次讀到侘寂，是在岡倉覺三（又稱岡倉天心）於一九〇六年出版的那本歷久不衰的名著《茶之書》（*The Book of Tea*）。雖然岡倉談及了侘寂的數個層面，卻老是避免正面提到侘寂這個字眼。他大概覺得，在討論自己的美學理念和文化觀點時，不須使用非必要的外來文字混淆讀者。（該書以英文書寫，讀者群設定為非日本人。）他也避免明確地解析侘寂的涵義，因為日本知識分子對這個概念有諸多爭議。

岡倉的書出版近一世紀後，幾乎每本討論茶道或某些神祕日本文化的報章雜誌，都會用草率敷衍的方式提到侘寂一詞。而且非常奇怪的是，這些報章雜誌總是用幾乎相同的三言兩語，來描述侘寂——用的就是這篇前言開頭所寫的那些詞彙。另一方面，這個字眼，也常被國內外的評論家用作嘲笑人的標籤，奚落某些日本傳統藝術愛好者展現出的淺薄做作態度。

或許現在是跳脫這些一般標準定義的適當時機，讓我們潛得更深一點、進入晦暗的深處。我秉持這種精神，蒐集了好些隱含侘寂之美的作品——有的光澤黯淡、有的殘破不堪、有的失修毀損，然後嘗試將它們拼湊成有意義的系統。我會先到達正統的侘寂評論者、歷史學者或文化權威所到之處，接著我會再多走幾步，藉著讀出背後意涵、讓意圖與實際情況聯繫起來，以掌握侘寂的整體面貌，並且詮釋出意義。[3]

我交出來的成績，就是這本薄薄的冊子。它是一種嘗試、一個起步，希望能「拯救」這曾經影響廣大，而且清楚可辨的美學宇宙。

I 歷史考察與其他思考

某些日本評論家認為，侘寂必須維持神祕、艱澀、難以定義，因為不可言傳正是它的特性之一。

「有所缺憾」或「難以界定」的知識，本來就是侘寂內在「非完成性」的一個面向。

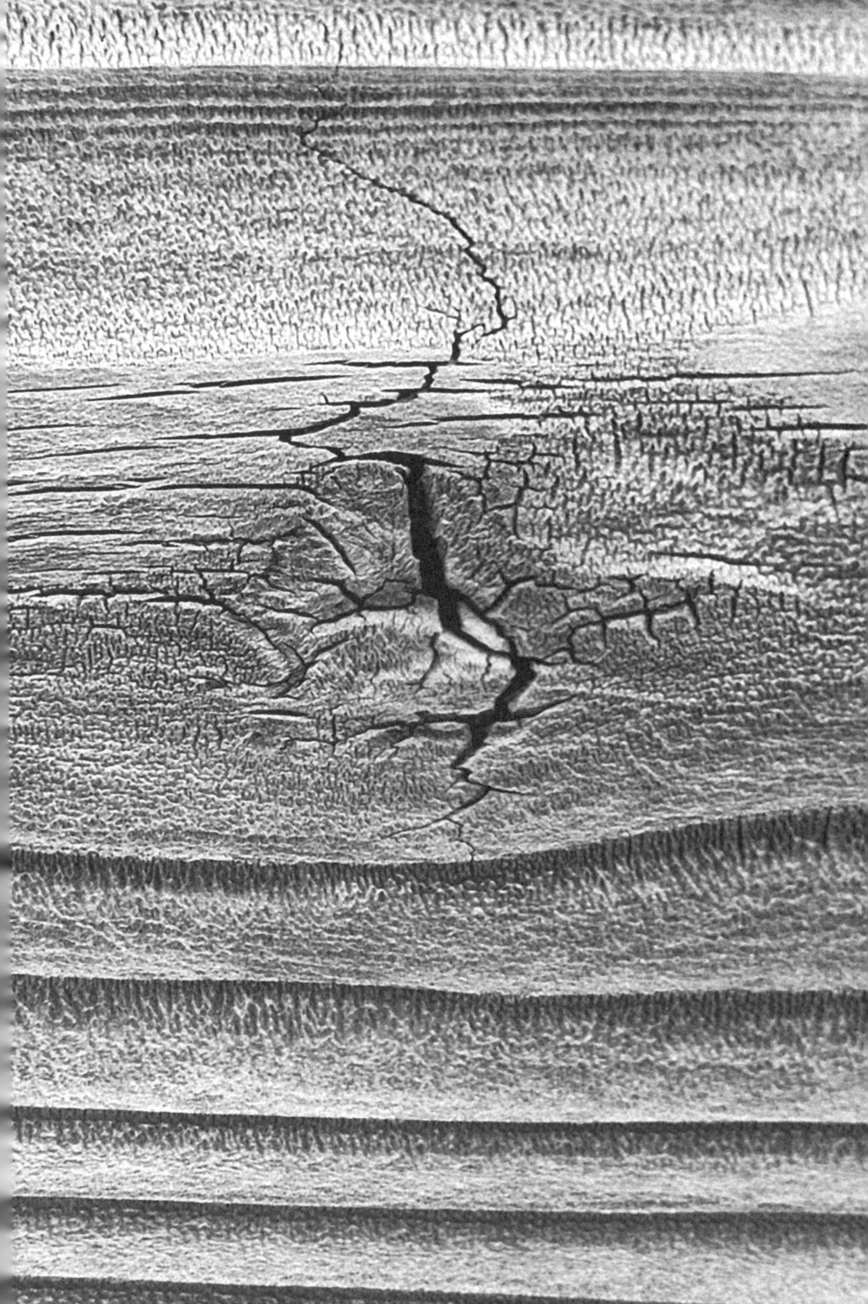

刻意模糊的歷史

如果問起侘寂是什麼，大部分日本人都會搖頭、躊躇猶豫，並會為其難以解釋的窘境擠出幾句抱歉。雖然大多數日本人聲稱他們了解侘寂的**感覺**（畢竟這是日本文化核心的一環），但極少有人能好好說明這種感覺。為什麼會這樣？是否如某些愛國沙文主義者所言，需要正確的基因遺傳嗎？我想不是。那是因為日本人的語言或語言的使用習慣，善於表達微妙的情感、曖昧的情狀、心靈的邏輯，卻比較不善於以理性的方式來敘述事物嗎？也許這占了一小部分的因素。但主要的原因還是，一直缺乏書籍或老師可以參考，所以大部分的日本人，從來沒能用理性的詞彙理解這些概念。

這一點並非出於偶然。放眼歷史，有條有理地理解侘寂這件事似乎被刻意地迴避阻撓。

禪宗。幾乎從侘寂形成獨特的美學模式開始，它就與禪宗一直有著若即若離的連結。侘寂常可用作禪宗的多種哲學核心論述的例證，因此也被稱為「事物的禪」。[4] 最初與侘寂有關聯的日本人，例如茶藝大師、修道人、僧侶，都在實踐禪學，將全心全意都融入禪宗的意境中。而禪宗的首要主題之一，正是強烈的反理性主義。在禪的教義中，核心知識只能以心傳心，而非仰賴語言或文字。這就是所謂的「知者不言，言者不知」。從務實的層面來看，這個規則的用意是要讓那些容易被誤解的概念減少被誤解的機會。正因如此，不論是出於哪種意圖和目的，大家都刻意避免去清楚地闡明侘寂的定義。

家元制。日本自十八世紀起，諸如茶道、花藝、書法、歌藝、舞蹈等「藝術」的文化內容都是由一個個家族集團獨家經營承繼。每個集團當家作主的人稱為家元。[5] 其原始的文獻資料、工藝品和研究所需的材料向來都由家元的家族一手掌握，跟禪宗一樣，他們堅持只對選定的人傾囊相授。侘寂的概念，是家元專有的智慧財產中的重要部分（尤其是在茶藝界中），不會被加以闡明或讓渡——除非以金錢或人情來交換。像侘寂這樣被巧妙地蒙上神祕面紗的「奇特」概念，正是很好的行銷誘餌。如此讓侘寂的意義保持模糊，只用吉光片羽來引誘人，是家元制的企業文化最有效的手段。

美學的蒙昧主義。侘寂的意義給人最大的啟發，就是它為了美學之故，而培養出不可詮釋的神話。某些日本評論家認為，侘寂必須維持神祕、艱澀、難以定義，因為不可言傳正是它的特性之一。他們相信，侘寂是個目的論的基準（目的就是本身），是無法完全被瞭解的。以這觀察角度來看，「有所缺憾」或「難以界定」的知識，本來就是侘寂內在「非完成性」的一個面向。對侘寂來說，清晰的思想體系不是必要的，把侘寂的概念解釋得徹底完全，也許只會削弱它的力量。

也許這些批評是真確的。在美學的國度裡，理論永遠次於感覺。日本傳統的鍛刀匠和鑑定師總是用最模糊、神祕的詞彙，來談論籠罩刀劍的靈氣或靈魂。但現今，年輕的鍛刀匠則做了研究，以近乎科學實驗室的方式看待鍋爐溫度、金屬／化學組成，還有刀劍的本質（韌性、剛度、硬度等屬性）或所謂「靈魂」能成形的條件。也許這些精確性，吹散了供人想像的浪漫色彩，但倘若想要把創造這種美學的能力保留下來，對未來的世代來說，類似如此的引導依舊必要。

初步的解釋

在我們認識的傳統日本美學之中，侘寂是最為顯著和獨特的。它在日本美學萬神殿中的位置，正相當於古希臘對美與完美的理想在西方文化中的位置。[6]侘寂的完整形態可以是一種生活方式，至少也是一種特定形式的美學。

與侘寂字義上最相近的英文單字或許是 **rustic**（質樸）。韋式字典將「質樸」解釋為「簡單的、未經雕飾的、單純的……且外表粗糙或不規則。」雖然「質樸」只體現了侘寂的其中一面，但這的確是眾人對它的最初印象。侘寂確實與所謂的「原始藝術」有一些共同特色，像是物體均呈粗糙、簡單、不矯飾的狀態，而且都習慣依天然素材來手工製作。但與原始藝術不同的是，侘寂幾乎不使用再現或象徵性的手法。

日文中的侘（wabi）與寂（sabi）字原本各具不同的涵義。「寂」原指孤寂、清瘦或凋零。「侘」原指出世離群、刻苦簡淡地於大自然獨居之苦，較容易讓人聯想到灰心、沮喪與陰鬱等情緒。而大約在十四世紀時期，這兩個字才逐漸發展成較為正向的美學價值觀。隱士和苦行者自願離群索居、過清貧生活的生活方式，開始被認為是獲得精神富足的途徑。對於擁有詩人般感受力的人，這種生活方式能培養出對日常生活細節的鑑賞能力以及洞察力，察覺自然界中不顯眼而被忽視的事物之美。原本不起眼的簡樸事物，如今取得新意義，成為新的、純粹之美的基礎。

經過多個世紀變遷，到了今時今日，侘和寂的意義交融轉化，界定已經曖昧難分。現在日本人提到侘，就等同於寂，反之亦然。大部分時候，人們會直接說侘寂，這也是本書採取的方式。但如果將此二字分開細究，還是能清楚歸納它們的特性：

「侘」意指：

- 一種生活方式，一道心靈的軌跡
- 一種內向性、主體性
- 一種哲學建構
- 空間性的事件

「寂」意指：

- 具體的物質、藝術與文學
- 一種外向性、客體性
- 一種美學的理想典範
- 時間性的事件

與現代主義的比較

想要更徹底地瞭解什麼是侘寂、什麼不是，與現代主義作比較和對照或許有所幫助，因為現代主義畢竟是二十世紀中後期全球工業化社會的審美判準；再加上，「現代主義」這個詞彙，也是既影響深遠，涵蓋藝術與設計的歷史、態度與哲學，又難以明確說明。在這裡我們會敘述的是「中間」的現代主義，紐約現代藝術博物館中永久收藏的作品，大多數都充分體現了這種現代主義。中間現代主義涵納了大部分二戰後所生產的流線型、極簡主義風格的裝置、機械、汽車與小型物件，當然也還包括如現代藝術博物館本身，這種以混凝土、鋼筋和玻璃構成的建築物。

共通點。

◆ 兩者皆適用於各種人造的物體、空間和設計。

- 對於當時主流、既有的感官經驗，這兩者都是很強的反動力量。現代主義完全背離了十九世紀的古典主義和折衷主義；而侘寂針對的則是中國迄至十六世紀所追求的那種完美或壯麗美學。
- 兩者都避免使用不屬於結構本身的裝飾。
- 兩者都是抽象的、非再現之美。
- 兩者都有易於辨識的表面特徵。現代主義講求無瑕疵、流線光滑、優美精鍊；侘寂則是質樸、不完美、雜色斑駁的。

相異點。[7]

現代主義

- 主要表現在公領域
- 意味著合乎邏輯而理性的世界觀
- 絕對的
- 尋找普遍的、原型式的解答
- 大量生產／標準化
- 相信進步
- 未來取向
- 相信可以控制自然
- 將科技浪漫化
- 人類去適應機器
- 型態是以幾何配置呈現（銳利、精

侘寂

- 主要表現在私領域
- 意味著直觀的世界觀
- 相對的
- 尋找個人的、獨特的解答
- 獨一無二的／多變化
- 沒有所謂進步
- 現在取向
- 相信自然在本質上不可控制
- 將大自然浪漫化
- 人類去適應大自然
- 型態是以有機配置呈現（形狀與邊

準、有固定形狀、稜角分明）

- 舉例：盒子（直線型、精準、封閉的）
- 人工素材
- 表面是光滑流線的
- 需小心維護
- 純淨使其神態更豐富
- 要求減少感官方面的訊息
- 不容許模稜兩可和矛盾存在
- 冷酷的
- 通常是明亮清晰的
- 功能和效用是主要價值
- 完美的物質性是理想狀態
- 永續持久

緣是柔性、模糊的）

- 舉例：碗（形狀多變，上方有開口）
- 天然素材
- 表面是天然粗糙的
- 可順應退化和損耗
- 腐蝕和髒汙使其神態更豐富
- 要求增加感官方面的訊息
- 坦然接受模稜兩可和矛盾
- 溫暖的
- 通常是陰翳晦暗的
- 功能和效用不是那麼重要
- 完美的非物質性才是理想狀態
- 每件事物都有時效性

簡史

千利休之前。侘寂的哲學、精神與道德原則一開始是源自中國道家與禪宗所擁有的簡單純樸、自然、接受現實等概念。而侘寂的心境與對於物質性的理解，則是源自於西元九、十世紀時中國詩詞與黑白水墨畫中，蒼涼、憂鬱、極簡主義的氛圍。但到了十六世紀末期，侘寂這些獨立分隔的元素合併成為一種可辨識的日本特有的綜合美學。雖然侘寂很快就滲透進日本精緻文化與品味的每個層面，但它是在茶道的情境之中，有了最完整的體現。

茶道（日文漢字可寫成茶道或茶の湯）漸漸衍生成一種兼容並蓄的社會藝術形式，結合了建築技術、室內和庭園設計、插花藝術、繪畫、烹飪和表演藝術等。造詣高深的茶會主人有能力把這些元素（包括參加的賓客）交織成一首協調的交響曲、一場安靜又令人激賞的藝術活動。[8] 在茶道美學的巔峰時期，把侘寂的宇宙淋漓盡致地化為實體，就是茶道的深層目標。

歷史記載的第一位侘寂茶藝大師是村田珠光（1423-1502），他是出身奈良的禪宗僧人。這段時期的世俗社會，喝茶被視作高級的消遣，主要是因為擁有外國製造的高貴茶具便可獲得聲望。[9]珠光大師反對這種流行，故意反其道而行，盡可能使用本地製的、風格低調的茶具。這正是侘寂體現在茶道上的起始淵源。

千利休時期。在珠光大師掀起變革的百年之後，侘寂美學風潮在千利休（1522-1591）的引領下發展到最高峰。千利休是一名商人之子，大約在十七歲時開始對茶道產生興趣。[10]千利休作為茶道大師的第一次著名活動是為織田信長服務。一五八二年織田信長被暗殺後，千利休為其聰明但古怪的繼承者豐臣秀吉效命。千利休與其他九名茶藝大師，協助豐臣秀吉取得及評賞茶器，也負責在正式場合中詮釋茶道與茶具的複雜禮儀。雖然十六世紀末期戰事紛擾不斷，但也是藝術創造最興盛巔峰的時代。在茶道中，相關的器具物品、建築和儀式都有可觀的實驗與進展。就是在這場文化變遷的橫流中，千利休的美學觀點獲得了歷久不衰的勝利：他毫不猶疑地把作者不詳的日韓民藝粗糙作品（符合侘寂風）與來自中國完美精緻的作品，放置在相同（甚至前者更高）的藝術位置。[11] 千利休也設計了一種新的茶室，雛型取自農舍的粗糙泥牆、茅草屋頂，和殘破裸露的木造結構。令人吃驚的是，千利休把這間茶室壓縮成只有兩疊榻榻米大，面積僅只有一點一坪。[12]

不幸的是，千利休這種倡導簡樸虛懷、崇尚自然的價值觀不怎麼受到他主君的賞識。出身農民的豐臣秀吉，對於千利休偏愛稱得上醜的作品的那種品味深表懷疑。千利休是否其實是諷刺地讓秀吉「國王穿新衣」呢？應該說明的是，中國那種極致的富麗堂皇才是豐臣秀吉的美學理念，例如貼了金箔的茶室。千利休的美學觀點在他們之間萌生出難以彌補的裂痕，再加上其他一些因素，包括豐臣秀吉嫉妒千利休日益升高的聲譽、千利休對政治的輕率態度，和茶具的可觀收益，最終致使豐臣秀吉在千利休七十歲時命他切腹自盡。

千利休之後。自從千利休死後，茶道界各流派都打著秉承千利休真傳實學的旗號，想要爭奪茶道正統之名（正如宗教上基本教義派宣稱他們對耶穌基督或穆罕默德的理解才是正確的）。[13] 在這段過程中，出於個人的想法和判斷都被逐出。儀式中即使是一個極其細微的手勢，一律受到嚴格規範，然後號稱是千利休時期傳承至今半點未改的規矩（這裡背後的假設認為：千利休使用茶具的方式已臻合理的極致，毫無多餘的動作與能量消耗）。

千利休過世約一百年後，茶的「藝術」已經轉變成喝茶的「方式」（茶

道），說是一種宗教性和精神的訓練。在這段轉變期間，侘寂這個「心靈」茶道的核心思想，已經遭到削減和簡化，最終被包裝成一套明確的規則和格言。侘寂正逐漸變得和其本質相反，變得光鮮、優美而壯麗。

往好處想，遵循著這段歷史的茶道學校，就像一座維繫著傳統形式，且制度化的、活生生的博物館。（畢竟，傳統的本質就是複製。）也可以說，若不是靠著這些茶道學校，侘寂（不管還剩下多少本質）面臨日本狂熱地採行西方模式現代化之時，可能只會衰弱得更快。而且，制式化的茶道作法用在練習沉思冥想也很有價值。清空思緒、重複機械性的技巧，能讓人集中心神於存在本身，而不會因需要做藝術上或其他各方面的決定而分心。[14]

然而，侘寂已經不再是茶道在意識形態或精神上真正的關鍵了，即使近似侘寂的種種活動（用一樣的修辭或特別的風格）仍在進行中，但其實，茶道學校強調的「世界和平」、「人與人之間的深度溝通」等精神已經取代了侘寂。[15] 為了因應真正的侘寂精神缺席的情況，幾位遵循茶道正統而有遠見的成員，最近採取了延宕已久的行動，開始徵求當代藝術家和設計者的協助，好重新建立與侘寂的連結。[16] 這種「新」侘寂的哲學基礎是建立在千利休對一句舊禪學格言的新解：「一期一會」。這句話意指要對眼前發生的每件事投注最大的注意力，要身處當下。這樣特別的道德精神切入點是否能夠將茶道帶入更侘寂的方向，還有待觀察。[17]

II 侘寂的宇宙

侘寂提供我們一條整合的門徑，使我們能探討存在（形上學）、神聖知識（精神性）、情感滿足（心境）、行為（道德）以及觀看與感受事物（物質性）的最終本質。

形上學的基礎

- 萬物若不是正從無中蘊生，就是正走向無

精神價值

- 觀察大自然可以得知真理
- 「偉大」總是隱藏在不顯眼和遭人忽略的細節中
- 醜之中可以誘導出美

心境

- 接受無可避免的情況
- 欣賞宇宙的秩序

道德準則

- 去除一切不必要的東西
- 重視事物的內涵，忽視物質的階級地位

材質特性

- 顯示自然造化的過程
- 不規則
- 私密
- 不矯飾
- 原始鄉土氣息
- 黑暗陰鬱
- 簡樸

侘寂可說是一種「包羅萬象」的美學體系。侘寂的世界觀，或者說宇宙，是自我指涉的。侘寂提供我們一條整合的門徑，使我們能探討存在（形上學）、神聖知識（精神性）、情感滿足（心境）、行為（道德）以及觀看與感受事物（物質性）的最終本質。[18] 美學體系裡的各個組成部分若能越有系統，而且定義越清楚，用途就越廣；越能掌握概念，就越能回歸到最基本的核心。

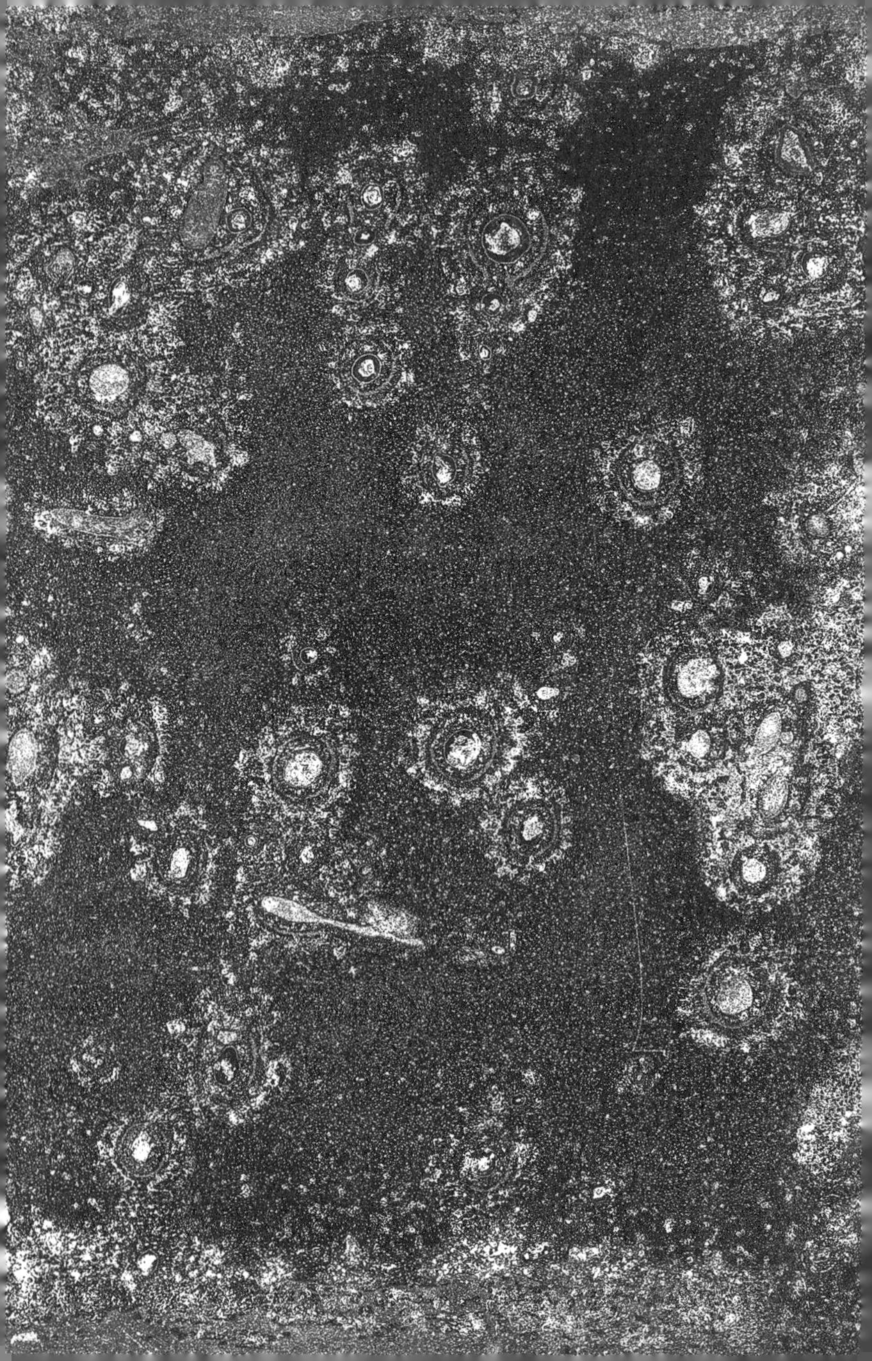

形上學的基礎

侘寂的宇宙是什麼樣子？

萬物若不是正從無中蘊生，就是正走向無。當傍晚降臨郊野，旅人尋覓遮蔽處以過夜，他發現到處都長滿高聳的燈芯草，於是割下一大捆草，豎立在原野上，並將頂部綁緊束好，就這樣，一座草屋出現了。第二天早上，在繼續接下來的行程之前，他鬆開燈芯草束，一瞬間草屋又瓦解消失，回歸成為廣大草原的一部分，外觀看不出差異。表面上原野恢復原樣，但遮蔽處的微小蹤跡仍然保留，燈芯草上到處會有輕微扭曲或彎折過的痕跡，而在草屋夜宿的記憶也會留存在旅人（還有正在閱讀這篇文章的讀者）的腦海中。侘寂最純粹、最理想的表現形式，就正是關於這些褪淡的軌跡、微小的證據，遊走在無的邊界上。[19]

當宇宙崩壞，其實也是正在重新建構。新事物從無而生。但我們不能貿然就認定某些事物是在逐漸生成，還是正邁向衰弱。如果我們不懂得區分，就可能會把新生嬰兒與瀕死的老者搞混——畢竟前者也一樣是身形矮小、皮膚多皺、身體彎折、長相古怪。武斷地說，侘寂的表現，如果是走向衰弱，一般會有點黑暗、朦朧而靜謐；若是生成，則傾向比較光明、煥發、清晰。至於「無」的概念本身，並不像歐美認為是指「空」的狀態，其實是有活力而充滿可能性的。用哲學的用語來說，侘寂就是朝向或遠離可能性的常態運動。

精神價值

侘寂宇宙教給我們什麼訓示？

觀察大自然可以得知真理。[20] 日本人一直竭盡所能，想要在可能的範圍內和現有的技術下操控大自然。但他們對天候變化能做的改變極其微少——濕熱的夏天、乾冷的冬天，初夏的雨季讓日本有六到八週的時間都處在濕漉漉的霧氣中，其他的日子裡，平均每三天就會下一次雨。對於地震、火山爆發、颱風、水災、火災、海嘯等難以預期但卻會週期性侵襲國土的天災，他們也束手無策。日本人不怎麼信任大自然，但他們卻會向大自然學習。與大自然共生千年的經驗，再經過道家思想發酵後，點滴累積成三個訓示，融入了侘寂智慧。

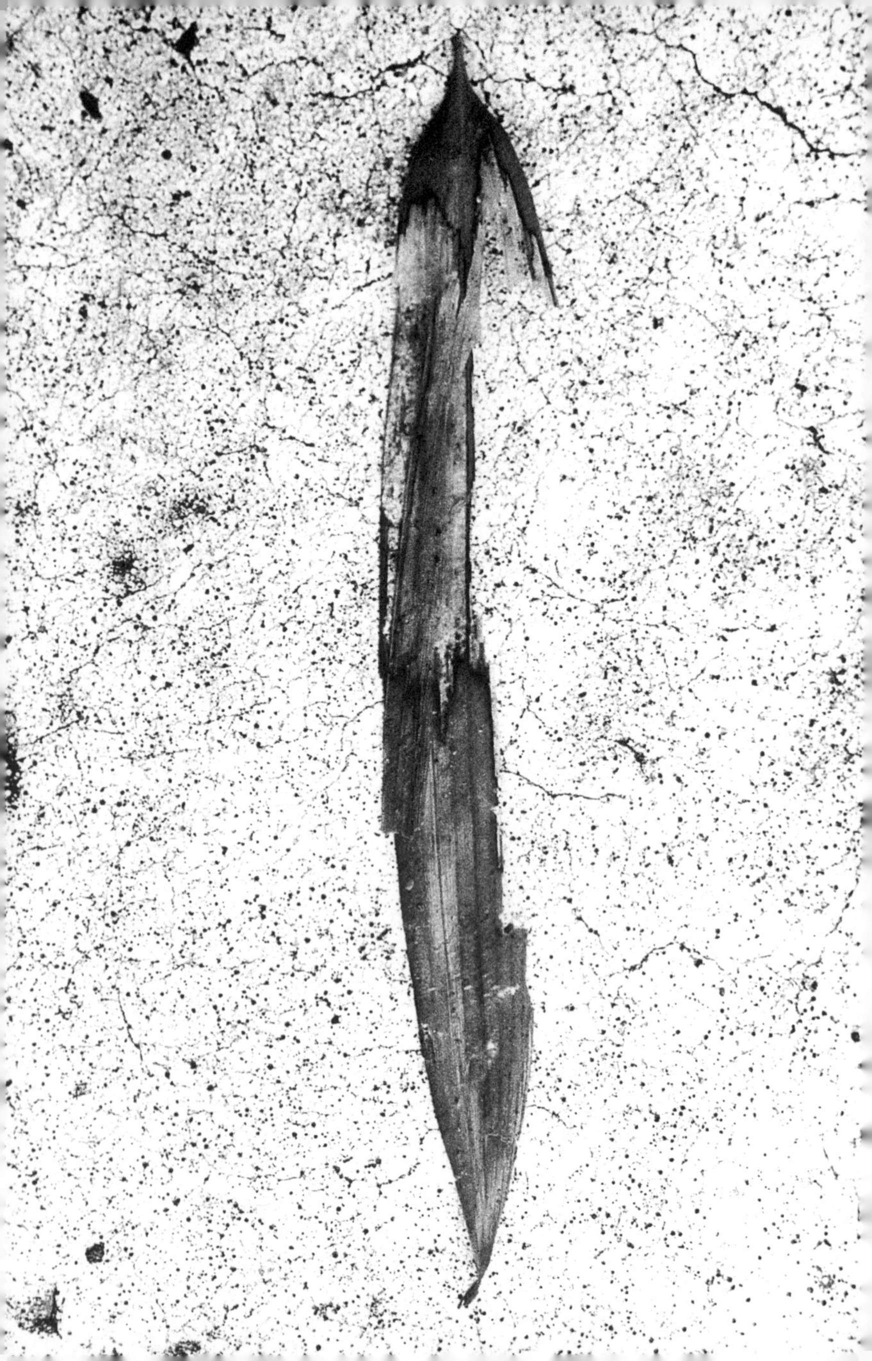

一、**萬物皆無常。趨向「無」**的傾向是持續且普遍的。即便是擁有實體特徵的事物，例如堅硬的、惰性的、固體的，也只是提供了永恆存在的**幻覺**。我們可以視而不見、耍小聰明去遺忘、忽視或假裝，但所有事物最終都會邁向「無」。一切都會磨損消耗，不論是太陽或星辰，甚至是無形體的事物如名譽、家族傳承、歷史記憶、科學定理、數學證明、偉大的藝術和文學，就算是以數位形式保存，所有的一切都會凋零，進而湮沒、消逝於無。

二、**所有事物都不完美**。所有事物的存在都伴隨著不完美。當我們近距離觀察事物，都能發掘缺陷。將一把鋒利的刀刃擺在顯微鏡下放大檢視，會看到凹凸不平與斑駁的缺口。每位匠人都知道完美的極限：缺陷會與你對視。當事物開始潰敗崩解，回歸到初始的狀態，就會變得更不完美、不規律。

三、所有事物都未完成。所有事物，包括宇宙本身，無止境地持續處在正要成型或將要消融的狀態。我們常武斷地說某些時刻是「結束」或「完成」的。但那真的就是事物的終點嗎？對一株植物來說，怎樣才算是完結？開花？結籽？綻芽？還是等待這株植物腐化成土？「完成」這個概念在侘寂並不存在。

「偉大」總是隱藏在不顯眼和遭人忽略的細節中。西方那種認為不朽、壯觀和耐久才是偉大美學的理念，與侘寂正好恰恰相反。大自然中花朵綻放與枝葉繁茂之際是找不到侘寂蹤跡的，只有在初發和凋零的瞬間才得以發覺。侘寂與燦爛的花朵、雄偉的樹木或險峻的山水無關。侘寂與次要和隱匿、暫時而短暫有關，這類事物太過纖細微妙、稍縱即逝，以至於世俗之眼無法得見。

如同順勢療法的藥物，侘寂的精華是按小額劑量分配的。當劑量變少，對身體的影響越明顯深刻。事物越接近於不存在，就越精緻難忘。因此，想要感受到侘寂的存在，必須要放慢步調，耐心地細細觀察。[21]

醜之中可以誘導出美。對於如何從「非美」或醜陋中區分出美，侘寂有些模稜兩可。就某方面來說，侘寂之美成立於接受你認為醜的事物並與其達成和解。侘寂認為，美是發生在我們與事物之間的動態事件，只要有適當的環境、脈絡或觀點，美隨時都能自然萌發。因此，美就是一種意識轉變，一種詩意與優雅的特殊時刻。

對那些學習茶道的富商、武士和貴族來說，侘寂茶室用來作為原型的中世紀日式農舍是頗為低等和可悲的環境。然而，在適當脈絡下配合一些感官上的引導，這種農舍便會呈現出非比尋常的美。同樣地，早期的侘寂茶具也是粗糙有瑕疵、顏色呈不起眼的土色。對那些尊奉中國精緻華麗茶藝為標準的茶人來說，一開始他們對這些茶具只會鄙視嫌棄、視之為醜。

而侘寂的先行者彷彿是故意找出這種從傳統上來看「非美」的例子（樸素但不至於過度怪異醜陋），藉此創造出質疑的氣氛，進而將「非美」反轉為美。

心境

對於我們所知，我們有何感觸？

接受無可避免的情況。侘寂是對生命無常的審美欣賞。夏日繁茂的樹木，到了冬日就只剩下光禿禿的枝椏橫過天際。宏偉華美的宅院僅剩傾頹的地基長滿了雜草和苔蘚。侘寂的景象會逼使我們思考自己終有一死，也會喚起關於存在的孤寂感和淡淡的憂傷。我們知道世上萬物都擁有相同命運，因此也會心生苦樂參半的安慰。

詩歌常用來傳遞侘寂的心境，因為詩歌特別適合抒情和傳遞強烈而迴盪的意象，這些意象比乘載它們的簡短文字更加宏大（因此可以喚起更廣闊的宇宙）。千利休曾引用藤原定家（1162-1241）廣為傳誦的這首和歌來形容侘寂的情緒：

舉目望去，沒有盛放的春花
亦沒有耀眼的紅葉
小海灣旁邊
一座漁人的小茅屋
獨自佇立於這秋日的黃昏[22]

某些常見的聲音也呈現侘寂的哀戚之美。海鷗和烏鴉憂傷地鳴叫、海上霧笛響起的淒涼低吟、救護車尖嘯的鳴笛在大城市裡高聳的鋼筋水泥森林中穿越迴盪。

欣賞宇宙的秩序。侘寂涵蓋了存在背後的各種機制，各式變化及其微妙的部分，也都是侘寂，超越了我們平常所能感知的範圍。任何被視為侘寂的事物，都能彰顯這股原始的力量，如同印度教的曼荼羅或中世紀的歐洲教堂的設計建造，都使人能夠體會出各自的世界觀。侘寂事物的材質也能引出這些超然感覺：光透過宣紙暈染擴散的方式、陶土乾燥時裂開的方式、金屬失去光澤和生鏽時，其顏色和質地的變化方式……這些例子體現了日常世界背後的物質力量和深層結構。

道德準則

知道了之後，我們該如何行動

去除一切不必要的東西。侘寂就是，在這個星球上輕盈漫步，並且不管遭逢什麼事物，無論多麼微不足道、無論何時遭遇，都懂得欣賞。「物質貧乏，精神富足」就是侘寂的格言。換句話說，侘寂要我們不要全心想著追尋成功，包括財富、地位、權勢和奢華享樂，而要懂得享受毫無滯礙的生活。

顯然地，想過著簡單無求的侘寂生活，需要付出努力和意願，也需要做一些艱難的決定。侘寂讓我們知道，什麼時候做出選擇是很重要的，什麼時候不做選擇也很重要——順其自然。即使是在最樸素的物質條件下生存，我們仍是生活在充滿物質的世界裡。侘寂就是在「從物質中得到的快樂」和「從不受物質拘束中得到的快樂」兩者之間取得平衡。

重視事物的內涵，忽視物質的階級地位。侘寂茶室所規範的行為舉止明確表達了侘寂的價值觀。首先，為了表示謙遜，每個人都必須卑躬屈膝、彎身跪爬，方能進入刻意設計得低矮的茶室入口。一旦進入之後，一切人事物都是平等的。所有的階級思想，例如「這個比較高檔／優良，那個比較低檔／粗劣」，都是不被允許的。貧窮的學子、富裕的商人，和位高權重的宗教領袖，即使在外頭社會階級懸殊，來到這裡，一概平等。同樣地，對敏銳的觀察者來說，茶室內物品的本身的特質要不是昭然若揭，要不就是感受不到。傳統上會用來協助鑑別事物的指標，例如物品來源或者創作者等，對侘寂來說毫不重要。一般從造價角度來評等材質價值的體系也會被拋在一旁。泥土、紙張、竹子，事實上，比金、銀和鑽石擁有更多侘寂

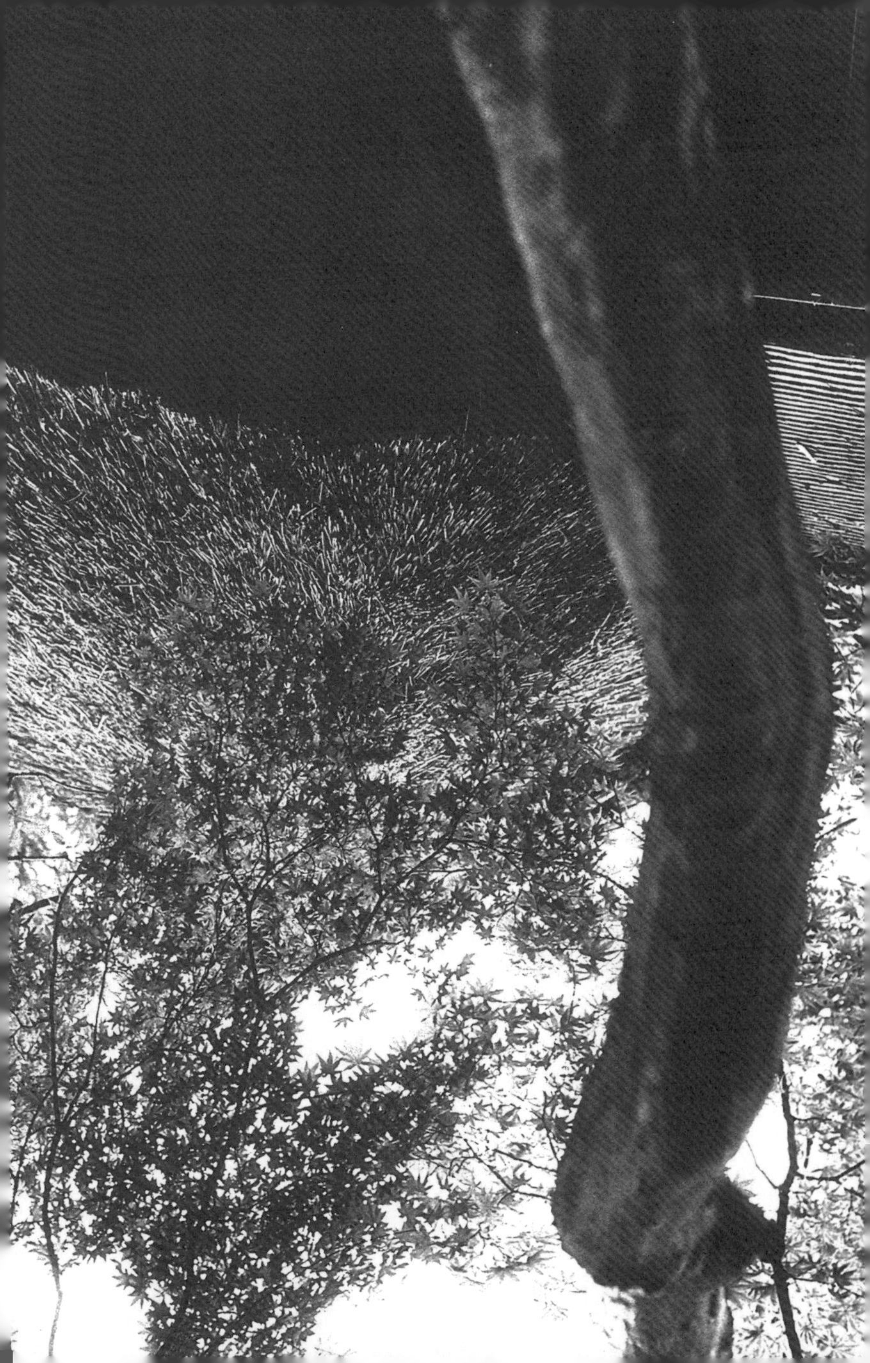

的內涵或價值。在侘寂的世界裡，沒有什麼是「有價值」的，因為那會意味著有些事物是「沒有價值」的。事物只有在被人以侘寂的眼光欣賞的那一刻才進入了侘寂的境界。[23] 在茶室內，事物只有在表現出侘寂的特質時才算是真正的存在。到了茶室之外，它們的侘寂特質飄然遠逸，於是回到各自的日常現實。

材質特性

什麼樣的物品、主題、並置能表達我們對侘寂宇宙的理解，或在他人心中創造這種理解？

顯示自然造化的過程。侘寂之物能表現出凍結的時間。這類物件的材料，會因為日曬雨淋和人為使用而留下清晰的耗損痕跡。它們以褪色、生鏽、失去光澤、沾汙、變形、皺縮、乾枯和爆裂作為語言，記錄了太陽、風、雨水、炎熱和寒冷。它們身上的裂痕、缺口、凹痕、瘡疤、塌陷、剝落和其他形式的損耗都見證了使用和濫用的歷史。雖說侘寂的事物可能處於去物質化（或物質化）的過程，而看似極度微弱、易碎、了無生氣，但它們的姿態與特色卻絲毫未減、強大依舊。

不規則。侘寂之物並不在乎傳統品味。我們知悉一般「正確」的設計應該為何，那麼侘寂就是有意做出「錯誤」的設計取向。[24] 於是，侘寂通常都跟古怪、奇形怪狀、笨拙或人們認為醜陋的事物扯上關係。侘寂之物往往會呈現一些意外造成的效果，譬如一個重新黏合好的破碗。它們也可能就是碰巧隨意產生的結果，例如織布機的電腦程式刻意被破壞之後所織出不規則的布料。

私密。侘寂之物通常都是小而簡潔、安靜內向的。它們召喚著我們靠近、撫觸，然後建立關係。它們會激發我們，促使物與物之間、人與物之間的精神距離變短。

侘寂的空間是狹小、孤立而私人的，有助於個人進行哲思。例如茶室的樓板面積通常都小於三坪，天花板不高、窗戶窄小、入口侷促，燈光柔和。這些空間寧靜安詳，彷彿子宮一樣包覆住人們。它們與世隔離，不在任何

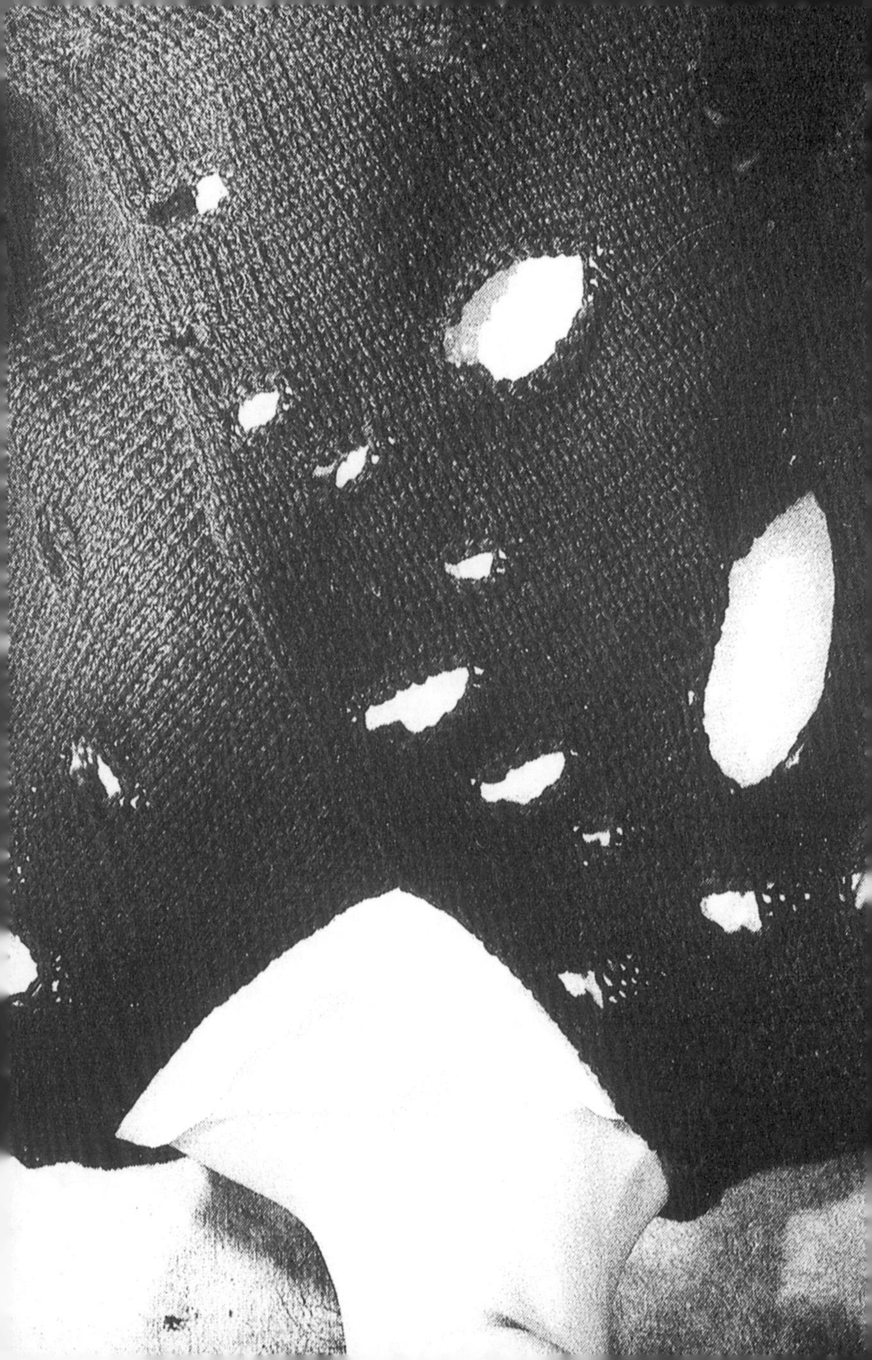

地方，卻也處於任何地方。在茶室裡，每一樣事物的重要性都擴展了，擴張程度與其實際尺寸成反比。這點在所有具有侘寂特質的場所中亦然。[25]

不矯飾。侘寂之物的外觀是不做作且必然會長成如此樣貌的。它們不會大聲疾呼「我很重要」，或想要成為眾所矚目的焦點。它們樸素不張揚，卻不失存在感與含蓄的威嚴。侘寂之物極容易融入環境，與他物共存。[26]

侘寂之物只有在直接接觸和使用時才會受到欣賞，不會被擺入博物館或美術館中。侘寂之物不需要地位來保障其價值，不需要市場文化的認可，也不需要記載來歷的文獻。侘寂的特質並不取決於創造者的背景和人格。事實上，最好是創造者不具任何特徵、無法辨識甚或身分不詳。

原始鄉土氣息。侘寂之物能是粗糙且不高尚的。通常由接近大地原始形態的材料製成，原始的紋理豐富，觸感粗糙。製作者的手藝可能無法辨識。

黑暗陰鬱。侘寂之物擁有一種朦朧、模糊和稀薄衰弱的特質——作為事物，它們接近於無（或是從無而生）。曾經鋒利的刀刃呈現出柔和黯淡的白光；曾經堅固的物質變得如海綿一般柔軟；曾經明亮飽和的顏色褪成黯淡的泥土色，或破曉黎明與薄暮黃昏時那種氤氳色調。侘寂呈現出無限延伸的灰色光譜：灰藍相間的褐色、銀紅相間的灰黑色、靛藍淡黃相間的綠色……還有褐色光譜：呈深黑色染褐色的藍、柔和的綠色……還有黑色光譜：紅黑色、藍黑色、褐黑色、青黑色……

較少出現的情況是，侘寂的事物也可以是明亮的，是從「無」之中新生的柔和淡色，例如未被漂白過的棉花、大麻和再生紙的黃白色，新苗和嫩芽的銀赭色，和膨大花苞的綠褐色。

簡樸。簡樸是侘寂之物的核心。無，當然，就是終極的簡樸。但在達到「無」的境界之前和之後，要遵循簡樸的原則並不是那麼簡單。闡釋千利

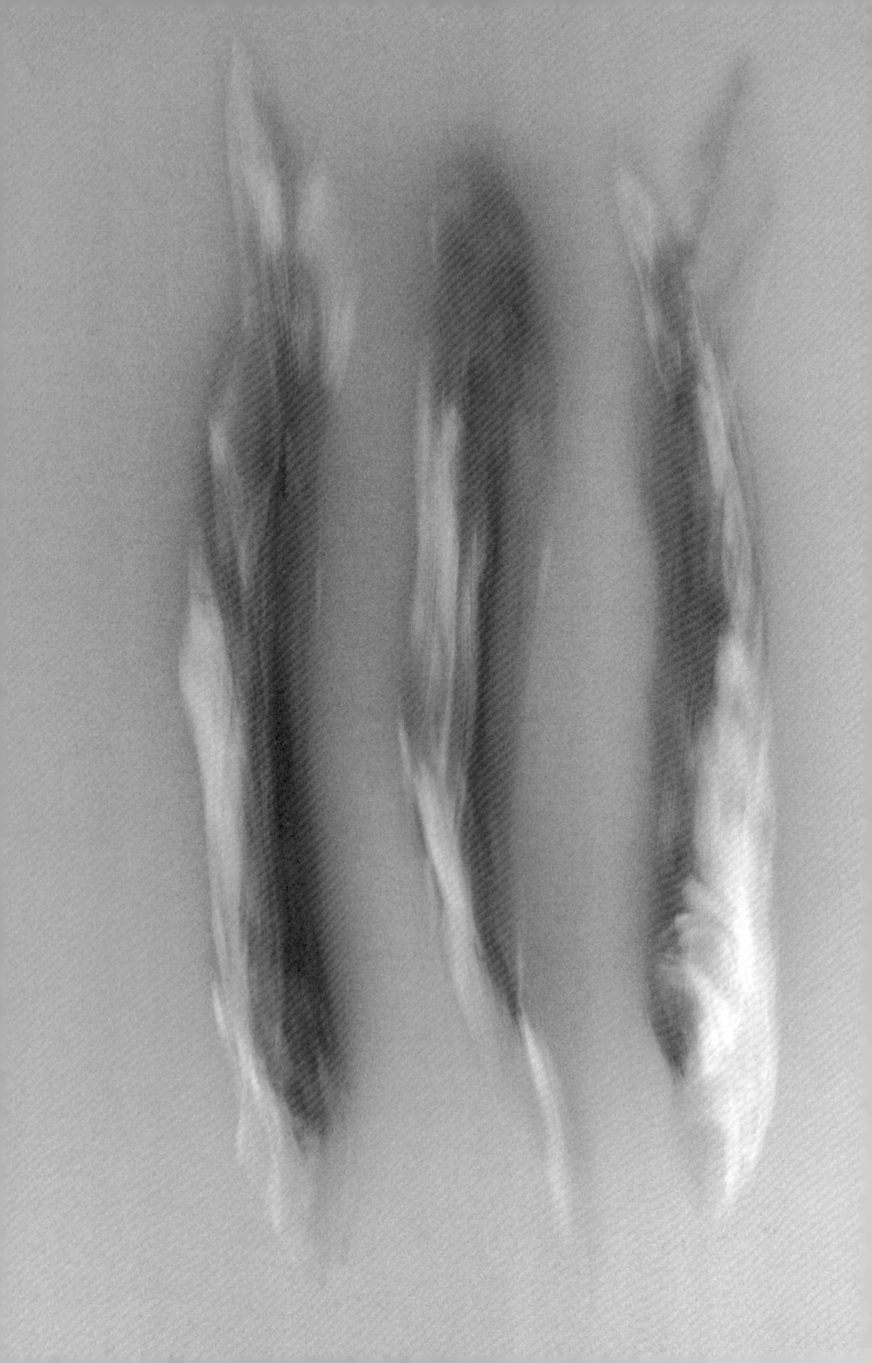

休所說的，侘寂的本質正是簡樸本身，表現在茶道中便是打水、撿柴、煮水、備茶和奉茶予他人。千利休建議，其他細節就由各人去發明創造。

如何實踐簡樸生活所要求的限制，卻又不會落入誇張的禁慾？如何專注奉行各種必要的細節，卻不變調成過分的講究挑剔？如何實踐簡約的信念卻不招致厭煩？

描述侘寂簡約的最佳詞語是：經由冷靜、謙虛和真誠等特質的智慧所達到的優雅狀態。這種智慧的主要策略，就是節約。縮減到極限，但不減詩意；保持事物簡潔無滯礙，但莫使之絕滅。（侘寂之物的情感是溫暖的，並不冷酷。）通常這就意味著調色盤上的素材有限，也代表將事物明顯的特徵減到最少。但這並不表示要除去那些肉眼不可見，卻能讓各種元素集合成有意義整體的連結力量；也絕不表示要消滅那些吸引我們對事物一看再看的「興味」。

後記：二十年後的進一步思考

製造「侘寂」

本書的英文版在一九九四年出版時，不管是哪本字典，都沒有收錄「侘寂」（わびさび，wabi-sabi）這個詞彙。然而，稱得上是侘寂的原型的字詞，已經在茶道的世界裡存在了好幾個世紀。「侘」的意義包含了「寂」，是一種富含詩意的表達方式，用來表達茶會的精神層面與物質層面。幾百年來，日本熟悉藝術與文化史的知識份子常會交叉使用侘和寂，來泛指一種「美學概念和其具體表現」。即便如此，這兩個字並未公開正式融合成一個詞，原因顯然是這麼做會觸怒那群自認有權擁護日本中世「純粹」記憶的學者和團體。不過，從語源來看，侘和寂早已從那段被美化過的日本歷史當中脫離庇護，「侘寂」縱使扎根於歷史，也在不斷適應現代的目標、長年持續發展。

本書闡明了侘寂的典範，我能篤定本書出版後已把侘寂的實用價值揭露在全世界的建築師、設計師、藝術家和創作者等人的眼前（大多數的人天生就擁有體察侘寂的感性，無論他們的主觀喜好為何）。於此同時，創作者開始用侘寂的概念來詮釋自己的作品，有些人也把侘寂的元素融入到作品和環境之中。但我隨即注意到，侘寂淪為單調的風格——磨損與消耗痕跡顯而易見、刻意營造銅鏽斑駁的粗獷質感，諸如此類的平庸形式。市面上到處可見以侘寂風情做了表面處理的家具和居家、戶外用品，還有「雅致」的侘寂風格衣物。後來侘寂甚至成了一種藝術流派。

另一方面，確實也有不少深思熟慮的創作者對刻意營造的侘寂觀感到困惑。於是哲學性的問題就逐漸浮現：侘寂可以大量製造嗎？刻意破壞或貶低新製作的事物，真的是催生侘寂的方法嗎？侘寂有高下優劣之分嗎？如果有，判斷標準為何？侘寂的觀念是否蘊含了對製作物品的躊躇猶豫？侘寂難道不是在看似超越物理實體的時候最有說服力嗎？追根究柢來看，若要談是哪個概念潛藏在侘寂的根源，那會是嚮往「缺乏客觀現實性」，甚至可以說是嚮往「非現實性」嗎？

把侘寂當作理論概念來理解

當侘寂具體體現在特定的物品或場所時，要說明我們看見和感受到了什麼是比較容易的。相對地，要指稱「侘寂性」本身到底是什麼則不容易，這點在其他美學呈現上也是同樣道理。侘寂不是放諸四海皆同的明確物理特質，沒有特定的形狀、尺寸、顏色和重量，也無法用嚴謹的演算法界定。侘寂是感知以及態度在心中融合之後成像的結果。這一般稱作「美感」，但在某些情況下，把侘寂當作理論概念來理解會更好。如此一來，我們就能針對基於實際觀察所獲得的「事實」和無意識中做出的判斷與結果，去進行更加清楚、更加知性的思考。

把侘寂用作理論概念，可以帶來豐富的洞見。箇中原因，是侘寂所體現的許多價值觀，和現今主導了技術和產業的價值概念與文化並不相同。侘寂在我們的世界觀中可扮演「異質元素」的角色，提供許多在日常的意識和對話中缺乏的觀點。

舉例來說，我們可以思考一個理論上的問題：侘寂能存在於數位的形式之中嗎？

我們很可能會直覺回答「不行」。在數位的領域中，人們經常會信奉完美、永續、不朽等等古典西洋美學的價值觀（數位的事物必須是完美的。數位化的事物的宗旨就是永續性和不會毀壞。一般的「數位專案」的目標，是透過集中存在於特定領域，來達到某種程度的不朽）。但侘寂所提倡的價值觀正好與其相反，是不完全、短暫無常，與未完成。

確實如此。從哲學角度來看，侘寂和數位各自象徵了美學光譜的兩極。但是這個觀點，不足以成為侘寂無法存在於數位形式中的理由。讓我們換個觀點，侘寂的表現是否需要數位形式所無法提供的某些本質特性？答案是肯定的。侘寂需要無限的精微細節，這在數位形式當中無法提供。

這是因為把事物數位化，需要經過兩個步驟——分析事物，然後轉換為0和1組成的二元碼。精細的程度，視二元碼的描述性統計量而定。若要表現「無限的精微細節」（相當於「現實」世界的資訊量），就如字面所述，需要無限的二元碼，分析所需的時間也會變得無限長，顯示這些圖像與物體的設備也需要無限大的解析度。簡言之，現今的科技是完全不可能達成的。

我想特別說明，假使有所謂「無」的狀態（也就是完全的空白、絕對的虛無），在數位形式中，就會被編碼成一個「0」。數位形式的0，就只是一種貧瘠的「無」。但侘寂中的無，孕育了讓事物發展出存在的潛在可能性。「讓事物發展出存在的潛在可能性」是極其模糊且沒有具體形貌的，若想要發掘出來編碼成數位形式，恐怕檢查時所需的靈敏度也是無限大。

侘寂為何重要

對於我舉「無限的精微細節」為例，可能有些人會覺得這個例子太過極端。然而那正是「真實」世界相對於「虛擬」世界的基準。而且，侘寂所提出的正是解析度和微調的問題。當事物過於精細、細節豐富或複雜，導致不易分析和表達，要編碼成數位形式就相當困難，也無法做到完美。我們應該以多麼深切的憂慮來面對這個問題？對於決定哪些事物擁有重大意義、哪些無足輕重、哪些事物反映了當今的危機、哪些是重要的，下決定的人是一些技術官僚（而非藝術家、設計師、詩人，也不是哲學家），我們對此難道不該心生憂慮嗎？如果世界持續發展成缺乏細節的模樣，最終我們可能就會失去察覺理解實際生活中精微巧妙之處的能力。對於這個可預見的未來，我們難道不該覺得更加心痛嗎？我們的世界正在縮小，對於這個事態，我們難道不該覺得痛苦嗎？

深刻思索侘寂的概念（無論是事物中體現的侘寂，還是理論概念中的侘寂），並且引導其發展和走向未來，這件事之所以重要，就是因為這些原因。

註解

1. 除了戶外的竹林裝置是由敕使河原宏所設計，其餘建築皆由安藤忠雄、磯崎新和菊竹清訓所設計。這場茶會被稱為「沼津大茶會」，明確地想要連結上一五八七年的「北野大茶會」（北野大茶湯），那是日本歷史上最大規模的茶藝活動。當時軍閥豐臣秀吉剛剛征服九州南部的島嶼，他下令所有事茶之人，無論貧富，都要到京都北野天滿宮來參加他所舉辦的茶會。當時，約有八百多個茶席在天滿宮境內的松樹林間林立。

2. 貫穿本書的「美學」一詞，指的是一套公開的價值觀和準則，以作為藝術鑑賞與決斷的指標。「美學」必須擁有以下的特質(1)與眾不同（與大多數平凡的、無秩序的、無差別的觀點有所區別），(2)清楚明晰（美學的觀點必須明白清晰，即使這門美學關乎曖昧不明），和(3)重複性的（連續性的）。

3. 在這之前，侘寂並沒有一個正式的、有系統的架構，那本書所提到的方法在智識上是否站得住腳？遵循傳統的學者認為，千利休是侘寂的最高權威，據說他曾表示：只要瞭解整體面貌，就能夠掌握規則與概念裡最純粹的本質。如此一來，只要有人期望，衍生出來的形式可以因應時代的需求而改變。從某種意義上來說，這就是這本書所作的事情。

4. 禪宗源自印度，於西元六世紀時傳入中國，發展深遠。到了十二世紀，禪宗才初次被引進日本。禪宗強調「直觀、直覺的洞見，能讓我們到達超越智識思考所不及的超驗性真理」。侘寂和禪宗的核心思想同樣都強調以超越常規的方式去看待和思考事物／存在的重要性。就跟在禪宗所扮演的角色一樣，「無」在侘寂形上學中也占據了核心位置。

5. 在日本，每一門家元制的事業都以金字塔形式組成，塔頂就是家元。

每位學生各自向習藝的老師繳付學費，學費的一部分會層層上繳，最終家元（代代世襲的掌門人，通常都是長子）會從中獲得部分利益。時至今日，許多家元家族都財力雄厚，並將生意多角化經營，發展到與文化無關的領域。

6. 將世界兩極化地分為「東」與「西」，只是一種便於溝通的權宜之計，就像把名人、大事件或物品的名字用作為文化中公認的簡化符號。當我們把日本描述成「東方」時，必須特別謹慎。尤其自二戰開始，自歐美等西方世界傳入的思想和價值觀，逐漸成了日本的思想和觀念的一部分，亦逐漸取代日本人的美學概念。

7. 說起來，侘寂與現代主義之間有些微妙的相容性。舉例來說，在當代的日本，我們很容易在現代主義風的玻璃鋼筋建築物內，找到侘寂茶室和餐廳。更神奇的是，夙負盛名的小堀遠州（1579-1647），京都桂離宮的設計者，他所一手打造的這棟毫不矯飾的開放式建築，對西方早期許多現代主義建築師帶來巨大的影響。無論小堀遠州是否真是設計者，他的影響滲透整座桂離宮，使得侘寂間接成為現代主義的主要靈感來源之一。

8. 理想上，茶會是一個複雜的資訊儀式，每位出席者都應當要參與其中。就像是一首只提供基本程序及方法的指示的 John Cage 作品，每場茶會都會創造出新的藝術氛圍，並製作出新「樂章」。由於大部分參與者都已有某種程度的茶會經驗，他們的知識便成為這場茶會的架構（包含了用巧妙設計來向過去的茶會致敬，以及富含文學性和見多識廣的對話等等），因此往後的每一場茶會都會越來越有深度、層次更加複雜。

9. 對於日本商人而言，十六世紀的茶室如同今日的高爾夫球會所，許多富商都在那兒建立新的商業往來，也是武士尋求結盟和慶祝戰勝的社交場合。（當時所有的武士都會學習茶道之藝。）

10. 許多祕史軼事不斷記載茶會中具有啟發性的事蹟，不過它們大多不是虛構、就是被過分美化。其中一個關於千利休的故事，說的正是他還未成為著名茶藝大師武野紹鷗的入室弟子前，所經歷過的一場「入門考試」。千利休受命要將武野的庭院打掃乾淨，庭中滿是落葉。首先，他用草耙將地清理得一乾二淨。然後，他做了一個侘寂意味深遠的動作：他搖晃其中一棵樹，讓少許樹葉飄落。如同這個故事所佐證，侘寂就是縱然潔淨也不至於過分潔癖或毫無生氣。同樣的故事還有另一個版本，主角換成千利休和他兒子，千利休的身分是大師，他兒子是那名有志向學的學生。在這個版本中，搖落樹葉的仍然是千利休，不過他是要藉此訓斥把園子清掃得一乾二淨的兒子。

11. 最初，侘寂之物是千利休與友人在農村野舍和異鄉的旅途等情況下所發現的素材。最終千利休成了「藝術總監」，委託工匠憑藉這種新靈感，來打造原創的作品。

12. 千利休那窄小的農舍風茶室和使用粗糙茶具的習慣，正好與他所處的那個富庶時代形成對比，也時常被拿來與法國的瑪麗．安東妮（Marie Antoinette）皇后作比較。瑪麗皇后在凡爾賽宮花園一角蓋了一間仿農舍小屋，她在裡頭穿戴樸素的棉裙和草帽，扮演牧羊女和擠奶女工。當然，千利休的演示嚴肅多了。千利休有潛在的美學意圖，而瑪麗．安東妮皇后就只是尋找一個新穎的娛樂。然而，之後千利休大部分的追隨者，都是富者扮貧，有侘寂的表相，本質上卻較近似於瑪麗．安東妮皇后而非千利休。其中某些人「簡單」粗陋的茶室，其實是聘請了最貴的匠人施工，使用最好的建材，結果要價比豪宅院邸還高。而他們使用的茶具，看起來低調謙遜，但實質上是昂貴得令人難以接受。

13. 我們很難得知千利休對侘寂和茶道的真正想法，因為一直以來，我們對他的認識都是來自於兩份二手資料。其中最重要的文獻《南方錄》，是佛教僧人南坊宗啓在千利休死後所撰寫。南坊的家鄉和千利休同樣是在堺市（靠近大阪）、既是千利休的學生也是友人。但有些學者認為這是巧妙的偽造作品，唯一一份尚存的副本就這麼恰巧，在千利休過世一百週年時被一名兼習茶道的武士立花實山所「發現」。另一部文獻《山上宗二記》，則是由一位長期追隨千利休的學生山上宗二，記錄下千利休茶會所使用的中心思想和器具。這兩本書都曾被用以證明各種各樣與茶道和侘寂有關的意識形態。

14. 制式化的茶道作法還有另一個層面，這個觀念來自禪宗，認為人的身體才是貯存知識與技藝的容器，而非文字語言。因此茶道注重靠記憶去學習形式技巧。

15. 在千利休的侘寂茶道中，就算有提到人際溝通或關係，所占的比例也非常少。《南方錄》告誡茶藝學習者，除非自然而然發生，否則不要試圖刻意讓自己的感受與賓客相同。換句話說：勿讓人際之間的溝通，影響你到達侘寂最高境界並維持身處其中。在侘寂中，人和物都是受到平等對待。侘寂並不是人本主義的哲學，也與生命的崇高聖潔、人與人之間的友好親善和是非善惡毫無關係。

16. 這裡提到的有遠見的茶人所組織的團體名叫「茶美會」（Sabie，sa= 茶，bi= 美，e= 遇見，意指「遇見茶道之美」），領導者是伊住政和，他是日本最大的茶道流派裏千家的二公子（因此他未來並不會成為家元）。茶美會的藝術方向最初是受到兩位人物影響：日本平面設計界和藝術指導界的元老級人物田中一光，和知名評論家兼藝術統籌伊東順二。

17. 到目前為止，茶美會可見的成果包括茶室和茶具等，主要展示於日本的百貨公司，但鮮少顯露出侘寂的意象。大部分的物品其實都回歸到千利休之前的茶道風格，也就是在侘寂的鑑賞眼光尚未確立之前。它們看起來與日本傳統文化中講究精緻、優雅的消遣賞玩（asobi）較為相近。

18. 截至目前為止，侘寂美從未以如此正式而極有條理的方式來表達。透過強調這種「人為」的智慧結構，筆者感覺到侘寂更容易讓人理解了。

19. 事物會存在和凋零，並留下非常細微的證據，可代表這點的另一個視覺隱喻就是櫻花——日本文化最有力也最陳腔濫調的形象之一。每年春天櫻花盛放，最長也僅持續短短一週。只要一場突如其來的風雨，瞬間就能將那柔美的淡粉色花朵皆盡摧毀。趁著這短暫的機會，全日本人幾乎傾巢而出，大大小小的人群來到櫻花樹下鋪定毯席，守候美景。只那麼一會兒，一項活動和場地就成形了，和正式場合形成對比。櫻花盛開的影像所喚起的侘寂之力持久又濃烈，因為我們持續地意識到它轉瞬即逝：不久之前無花，不久之後則繁花盡落……

20. 在侘寂的脈絡下，「自然」有幾種不同意義，一方面指的是物理性實體從未被人類影響的層面，也就是處於最純粹、最原本狀態的事物。從這意義下，自然就是天地間的事物，如植物、動物、山巒河川，和那些時而溫和、時而暴戾的不可抗力量，如風、雨、火等等。另一方面，侘寂脈絡下的自然，也包括了人類的心智，還有心智產生出來的所有人造或「不自然」的思想與創造物。這個意義下，自然指的是「所有存在的事物」，包括它們背後的存在規則。在這種意義中，自然與西方一神教的「上帝」的概念有著密切的對應關係。

21. 現在茶會的樣貌中相當敷衍的部分就是，參與者被要求須特別關注所有在茶會中使用的物品。被投以注意的不只有茶碗、茶罐、水壺等等的細節，就連花盆或是燒煮湯水用的木炭也都被關注了。過去自發的活動，現在成了被嚴格寫下的劇本：何時要擺弄物品、如何擺弄，何時要談論物品、如何談論，都是依循著一套特殊規則進行。不過這至少能強迫你專注以對，但願你真的能「視而能見」，注意到眼前真正重要的事物。

22. 日譯英是由井筒俊彥和井筒豐子翻譯。（編註：日文原句為「見渡せば

花も紅葉もなかりけり 浦の苫屋の秋の夕暮」，為藤原定家所寫的和歌，收錄於《新古今和歌集》。）

23.

千利休早期選擇的侘寂茶具都是設計者和製作者不詳的家常用品，毫無特殊地位。不過「地位」這種東西，似乎總是一有機會就設法展現自己，那些原先被視為醜陋和無名的事物，幾乎馬上發展出高價的市場。當事物變得太貴重有價，就不再侘寂，反而成為一個要價不斐的提醒之物，讓人想起它曾經活躍。我並不是說日本各地的美術館內就沒有很多稱得上「準」侘寂的珍品，確實可能有，但它們只是虛有「軀殼」，空有侘寂的形式與外觀，卻不再有靈魂。

一九六〇年代末期至一九七〇年代早期那短短的幾年，日本曾有個藝術運動叫作「物派」（「事物的學派」），他們與侘寂同樣強調鑑賞事物的當下性。物派藝術家利用天然而普通的素材如樹木、岩石、繩索等，創作一個臨時的藝術裝置。無法收藏，是他們作品的特性之一。（因此，收藏家和博物館皆無法擁有。）一位評論家指出，「（他們）反對事物完美、完成的概念。他們的作品只是暫時性的拼裝……並非會增值的原創物。」

24.

廠商與製造業者不斷使其生產的商品更加一致與可預測。工業設計和建築仰賴的都是提供給製作者精準、完整的設計圖。若在製造或建設過程中有異動，可能會需要賠償高昂的費用。但許多藝術家和部分設計師，早就對那些細節完美的事物感到厭倦。正在進行中的事物，譬如築造中的建築，比已經完成的更具有想像的空間。只是，這種如詩般多變且不規則的特性，對大量生產是一種極大的難題。

另一個與不規則對抗的要素，就是以歐基理德幾何學為基礎的設計模型相當盛行。所有大量生產的事物基本上都是由完美的直線、圓圈、弧線、長方形和三角形所構成。（這些僵硬的幾何圖形變成設計業的象徵與視覺符號，並非偶然。）但自然界中形狀與形式的「規則」其實比這些更為多樣。在一九八〇年所出版的《自然的碎形幾何學》（*The Fractal Geometry of Nature*）這本書中，數學家柏奴瓦．B．曼德博（Benoit B. Mandelbrot）說明了另一種幾何學，可用數學性的方式來描述不規則的形狀和結構，譬如粒狀的、糾結成團狀的、小束狀的、有皺紋的等等。

25. 「通用形態」這個概念指的是，某個原型物品能夠在各種大小規模都展現美學功能，這種想法與侘寂正好相反。從侘寂的角度來看，物品中的資訊密度會隨著大小規模改變，人對物的關聯也是一樣。當然，設計櫥櫃和設計房屋的考量是大不相同的。不過有些建築師設計房屋時，只會把它當作一件家具的放大版。

26. 京都最古老和最負盛名的旅店（即擁有三百年歷史的俵屋，目前每人一泊二食要價七百美金）的審美理念，可以歸結成兩個不偏離侘寂的原則，據旅館主人說是：(1)「任一房間內的事物和元素，都不應該比其他來得突出」和(2)「爾等無須刻意崇舊敬老，若有新穎合適之物，儘管使用。」

圖片說明與來源

如非另加註明，文中照片皆出自作者本人。

第5頁

一個表現出奇特侘寂風的例子。位於東京代官山的BOMBAY BAZAR咖啡館和Okura雜貨服飾店的外觀（局部），用漂流木、再生板材、鐵皮浪板，和灰泥所構成。〔編按：店面位於日本東京澀谷區猿樂町20—11。〕

第12—13頁

地上一片腐敗中的落葉。

第17頁

沒有上漆的木製牆板（局部），這種建材大約在二戰後至一九五〇年代時期，廣泛使用於東京的許多單戶式透天住宅。

第23—24頁

三輪和彥製作的陶製器皿。美術指導／攝影：田中學而。美術指導／設計：三谷一郎。

第28頁

鐵管與鐵板焊接點周圍的殘滓。

第33頁

一座傳統的農用倉庫，這類建築就是侘寂茶室仿效的對象。（一九三三年日本長野縣。）

第39頁

傳統和室中，以泥漿和稻草鋪就的兩面牆交匯之處。這種攝影畫面經常用來傳達傳統的侘寂概念。

第42－43頁

一張由倉俣史朗（1934-1991）設計的金屬網椅。是現代主義（工業製作、技巧精密、幾何形狀）與侘寂美學（具有一種無和非物質性的感覺、色澤暗沉、功能屬於次要）相結合的好例子。由藤塚光政攝影。

第44頁

來源不明的植物性物質（局部）。坂田榮一郎攝影，井上嗣也美術指導。

感謝川久保玲品牌 Comme des Garcons 提供。

第48頁

刻意讓它生鏽和腐蝕的鐵。脇田愛二郎雕塑品的局部圖。由藝術家本人攝影。

第52頁

人行道上一片腐敗中的樹葉。

第57頁

一支老舊的錘線和黃銅鐘擺（局部）。

第58頁

東京鬧區一處已經拆毀的建築廢墟內，殘餘的兩面牆壁交匯處自生成一座小花園。稻越功一攝影。

第62頁

一棵樹（東京）。侘寂不只是某些特徵所表現出來的純潔天性而已。人們必須採取行動介入，至少得將它「框」起來，為它創造有區別作用的情境。照片正好就是一個框架。稻越功一攝影。

第65頁

京都一座侘寂茶室的外觀。稻越功一攝影。

第66頁

樂吉左衛門製作的一個茶碗。稻越功一攝影。

第71頁

一件川保久玲設計品牌 Comme des Garcons 的毛衣（1982-1983 季節商品，照片為局部），根據推測，是對編織機的程式做了設定，以在編製過程中隨機留下各種大小不一的空洞。彼得．林德柏格（Peter Lindbergh）攝影。

第72－73頁

「茶之葉」（Green Tea House 茶の葉）的內部，這是位於東京松屋百貨公司地下室一角的一座茶室，占地約五坪。後牆用各種生鏽和失去光澤的金屬片拼成馬賽克圖案。前方櫃台（右邊）是以經過噴砂處理的混凝土和（左邊）木頭製成。不僅氣氛變得柔和，還微妙地將這寧靜一隅與繁鬧的商業環境連接起來，讓人能夠輕易享受侘寂時刻。

第74頁

一張以廢木製成的印尼坐臥兩用床（局部），長年使用之後木頭磨得光華流麗。這是東京的 Jurgen Lehl Co.（一間天然素材生活用品設計公司）辦公室內，眾多侘寂風東南亞家具的其中一件。

第76頁

西非馬里（Mali）的一座泥牆（局部）。辛迪·巴勒莫（Cindy Palermo）攝影。感謝《花椿》雜誌（*Hanatsubaki Magazine*）提供。

第78頁

三條魚乾。

第80頁

木板上一枚生鏽的鐵釘，其鏽漬所曳下的水痕。

第88頁

一片嵌入了小魚乾的仙貝。這種仙貝，與其他加入海鮮、菇類和各種可口食材等不同口味的仙貝，幾乎在日本各大型百貨公司的食品販售區內都找得到，非常普及。這些食品販售區是當代日本人的生活中，最有可能找到侘寂製品的地方。

Common 81

侘寂 Wabi-Sabi：

無常、不完美、未完成，以「無」為核心卻蘊含廣袤可能性的哲學

Wabi-Sabi for Artists, Designers, Poets & Philosophers

作者 · 李歐納 · 科仁（Leonard Koren）｜譯者 · 蔡美淑、楊齋怜（後記）｜封面、內頁設計 · 廖韡｜內文排版 · 謝青秀｜責任編輯 · 楊琇茹｜行銷企畫 · 洪靖宜｜總編輯 · 賴淑玲｜出版者 · 大家出版／遠足文化事業股份有限公司｜發行 · 遠足文化事業股份有限公司（讀書共和國出版集團）231 新北市新店區民權路 108-2 號 9 樓｜電話 · (02)2218-1417　傳真 · (02)8667-1851｜劃撥帳號 · 19504465　戶名 · 遠足文化事業有限公司｜法律顧問 · 華洋法律事務所　蘇文生律師｜ISBN · 978-626-7561-15-7｜定價 · 300 元｜初版一刷 · 2024 年 12 月｜

國家圖書館出版品預行編目 (CIP) 資料

侘寂 Wabi-sabi：無常、不完美、未完成，以「無」為核心卻蘊含廣袤可能性的哲學 / 李歐納．科仁 (Leonard Koren) 著；蔡美淑譯．-- 初版．-- 新北市：大家出版，遠足文化事業股份有限公司，2024.12

面；　公分．-- (Common ; 81)

譯自：Wabi-sabi for artists, designers, poets & philosophers.

ISBN 978-626-7561-15-7（平裝）

1. CST: 日本哲學

131　　113015771